煩悩百八面相——目次

はじめに――「煩悩」とは

皆さんは「煩悩《ぼんのう》」と聞いて、どのようなことを思い浮かべるでしょうか。多くの日本人にとって「煩悩」を身近に感じる機会に、「除夜《じょや》の鐘《かね》」という年越しの行事があります。これは、大晦日《おおみそか》にお寺の鐘を撞《つ》くことで百八とも数えられる煩悩をはらい、浄《きよ》らかな心で新年を迎えるための行事です。

もとは中国の宋の時代のお寺で毎朝夕に行われた鐘撞きの習慣が、室町時代の日本で年越しの行事として定着したものといわれています。また鐘を撞く回数、つまり百八という「煩悩」の数には様々な説があり、由来がはっきりしていません。なかには、四苦（4×9＝36）＋八苦（8×9＝72）＝108という説もあります。

「煩悩」という言葉は、もちろん仏教に由来する言葉です。インドの言葉に遡《さかのぼ》ればクレーシャ（kleśa）といい、「苦しみや悩みで汚すもの」という意味があります。「煩悩」という漢字からしても、それは私たちを「煩《わずら》わせ悩《なや》ませるもの」です。

そうであれば、たとえば不安定な稼ぎ、思うに任せない自分の健康、面倒な人間関係など、私たちを「煩わせるもの」はたくさんあります。しかし仏教は、それらを「煩悩」とは考えません。

この「煩悩」のもつ課題を明らかにされたのが、仏陀《ぶっだ》・釈尊《しゃくそん》です。ですから、釈尊の教えに出会い、尋ねることがなければ、そもそも「煩悩」とは何なのか、私たちは皆目、確かめることができません。

仏典《ぶってん》のなかで、この課題をもっとも明確に知ることができるエピソードは、釈尊が仏陀となる「成道《じょうどう》」の場面です。老病死《ろうびょうし》の苦しみから解放されることを目指し歩み始めた釈尊は、六年にわたる苦行の末、そこには解決の道がないことに気づきます。そして、静かにピッパラ樹《じゅ》（菩提樹《ぼだいじゅ》）の下に坐《すわ》り、老病死の苦しみの原因とは何であるのかということを思索しました。この思索を「縁起《えんぎ》の観察」といいます。

この縁起の観察を通して、釈尊によって見出された苦しみの原因の根本は、「渇愛《かつあい》」とも「無明《むみょう》」ともいわれます。これらがのちに「煩悩」と呼ばれるようになりました。老病死の苦しみの根源として釈尊に見出されたものが「煩悩」なのです。

そして、この「渇愛」や「無明」という「煩悩」を諦《あきら》かに知り、断ち切ることで、釈尊は老病死の苦しみから解放され、真実に目覚めた者、仏陀となられました。

つまり、鐘を撞いても「煩悩をはらう」ことはできませんし、完全に「煩悩をはらう」ことができたのならば、それは仏陀になったということを意味します。

ところで、この「煩悩」という言葉、実は初期の仏典のなかではほとんど使われておらず、別の様々な言葉によって表現されました。まず、それらを紹介しましょう。

漏

〈ろ〉

煩悩《ぼんのう》の同意語のひとつである「漏」。覚《さと》りを得た釈尊《しゃくそん》は、かつて仲間であった五人の修行者（五比丘《ごびく》）に初めて教えを説きます。それを聞いた五人は「諸々の漏から解脱《げだつ》した」と表されます。

「煩悩《ぼんのう》」という言葉は、インドの言葉に遡《さかのぼ》ればクレーシャ(kleśa、煩《わずら》わせ悩《なや》ませるもの)というのですが、実は初期の仏典《ぶってん》にはほとんど登場しません。釈尊《しゃくそん》は、「煩わせ悩ませるもの」というぼんやりとした抽象的な言葉ではなく、聞いただけで悪いと感じ、関係を断ちたいと考えるような言葉を使って、私たちの苦しみの根源を表現されました。

たとえば、「毒《どく》」「垢《く》」「暴流《ぼる》」「縛《ばく》」「結《けち》」「軛《やく》」などが「煩悩」の同意語として使われています。「毒」は体に害があるものですし、「垢《あか》」は洗い流したくなります。「暴流(荒れ狂う河の流れ)」に落ちれば死んでしまいます。「縛」「結」「軛」は縛り、結びつけ、くびきとなって、私たちを拘束《こうそく》し、制約するものです。このように釈尊は、多くの人が悪いと感じ、取り除くべきもの、避けるべきものと受けとめることができるような、具体的な表現を使われたのです。

「煩悩」の同意語のなかでも、もっとも使用されることが多い表現のひとつに「漏《ろ》」があります。この「漏」は「煩悩」を断ち、あらゆる苦しみから解放された時の定型句に使われる言葉です。釈尊の最初の説法では、苦しみ、苦しみの原因、苦しみの滅《めつ》、苦しみの滅に至る道という四つの真実（四聖諦《ししょうたい》）と無我（「私」と呼ぶべきものなどない）の教説が、かつて共に苦行に励んだ五人の求道者（五比丘《ごびく》）に対して説かれます。この説法によって五人は釈尊の弟子になり、仏陀《ぶっだ》と同じくあらゆる苦しみから解放された者である阿羅漢《あらかん》になりました。

その時の五人の心の有り様が、「何にも依《よ》ることなく、諸々《もろもろ》の漏から解脱《げだつ》した」と表現されます。苦しみの根源を断ち切ったことを「漏からの解脱」というのです。そして、この表現は様々な仏典で繰り返し登場します。

ではなぜ、「漏」が苦しみの根源なのでしょうか。この言葉を釈尊に聞いた仏弟子たちは、どのようなイメージをもったのでしょうか。『ダンマパダ』という仏典にはこのような詩があります。

比丘《びく》よ、この舟の水を汲《く》み出せ
汲み出すならば軽やかに行く
貪《むさぼ》りと瞋《いか》りを断ち切って
それにより涅槃《ねはん》に行くだろう（第369偈）

ここでは、舟の中に入ってしまった水を汲み出せば舟がよく進むように、貪りと瞋りという「煩悩」を断ち切ることで、あらゆる苦しみから解放された涅槃に到達できると説かれます。このように「漏」は、溜《た》まれば舟を沈めてしまう水の流入のイメージであったと考えられています。

漏れのある舟に乗っていては、向こう岸にたどり着く前に沈んでしまい、助かりません。それは大変なことです。必死に舟の漏れを止め、入ってしまった水を取り除かなくてはなりません。仏弟子たちは「漏」という言葉に、自分自身の生き死にを左右する切迫《せっぱく》した原因を見出しました。

同時に、これさえ止めることができたならばどのような大河であっても渡り切ることができるという希望を抱いたのでした。

「漏」は一般に、『倶舎論』などの解説に基づいて、我が身から流れ出る汗、血、涙、糞尿といった汚いものを想定した言葉として理解されます。これは仏教の教義学の展開に伴う解釈です。ここでは榎本文雄氏の研究に基づき、より古くからあるインド人の理解を紹介しました。参照：榎本文雄［1983］「初期仏典におけるāsrava（漏）」『南都仏教』第50号

19　漏──ろ

火

〈ひ〉

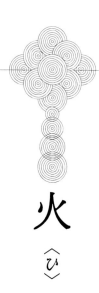

私たちは気づきませんが、釈尊《しゃくそん》によれば、この世界は貪《むさぼ》り・瞋《いか》り・愚かさという煩悩《ぼんのう》の「火」で燃え上がっているのです。真っ黒こげになる前に、すぐにでも仏陀《ぶつだ》の智慧《ちえ》という、全く別の「灯」にふれなくてはなりません。

仏典《ぶってん》では「煩悩《ぼんのう》」が「火」の喩《たと》えによってしばしば表現されます。たとえば釈尊《しゃくそん》は、「一切が燃えている。何によって燃えているのか。貪《むさぼ》りの火によって、瞋《いか》りの火によって、愚かさの火によって燃えている」と説かれています。私たちや私たちをとりまくありとあらゆるものが、貪《とん》・瞋《じん》・痴《ち》という「煩悩」の「火」によって燃え上がっていると教えているのです。

また「煩悩熾盛《ぼんのうしじょう》」という言葉もあります。「熾《し》」というのは火を起こすこと、そして起こした火の勢いを増すことを指します。「煩悩」という言葉そのものには、「発火」や「火の勢いを増す」という意味はないのですが、釈尊が「煩悩」を「火」に喩えられたので、そのはたらきの盛《さか》んなことを「煩悩熾盛」と表すようになったのでしょう。

では、この「火」とはどのようなものでしょうか。『ダンマパダ』に次のような詩があります。

一体なにが笑いなのか、なにが喜びなのか
常に焼かれているのに
暗闇によって覆《おお》われているのに
あなたたちは灯を探さないのか（第146偈）

注釈によればこの詩は、釈尊が教えを説くその面前で酔っ払って騒いでいる者たちを、釈尊が諭《さと》された時の詩です。あなたたちは酒に酔い楽しそうにしているが、それは本当に満たされるような喜びなのか。それは老病死《ろうびょうし》する苦しみのなかでの、一時的な気晴らしに過ぎないのではないか。なぜなら、あなたたちは貪りや瞋り、愚かさといった「火」に焼かれ続けているのだから、というわけです。

この「火」は、私たちが日常、目にしている「火」とは異なります。というのも、私たちは老病死の苦しみの原因であることの「火」によって絶えず焼かれているのに、その灼熱による苦しみをいつも感じることができるわけではないからです。

普通、「火」に焼かれると、火傷し、苦痛に耐えられず、すぐに火を消そうとするでしょう。しかし、老病死の苦しみを実際に感じ、苛《さいな》まれている時でさえ、私たちはこの「煩悩」の「火」に焼かれていることを知らず、苦しみを生みだす火のもとを探して消そうとも思いません。ですから、この詩では、私たちは焼かれているると同時に、暗闇に覆われているとも説かれています。私たちにとって、我が身を焼く「煩悩」の「火」は「暗黒の火」ともいうべきものです。

では、どうしたら「暗黒の火」に焼かれる我が身であることに、私たちは気づくことができるのでしょうか。そこで釈尊は、「灯を探しなさい」と説かれます。

「灯」も「火」であることに変わりありません。しかし、この「火」は暗闇を照らすためにあります。私たちが気づかない「暗黒の火」を、我が身を焼き続け苦しみの原因となっている「火」であると照らし出すための「火」です。それは老病死の苦しみから解放された仏陀《ぶっだ》の智慧《ちえ》の「灯」なのです。

そこには燃焼による苦痛ではなく、私たちに苦しみとその原因を教えようとする釈尊の温もりがあるに違いありません。

27　火―ひ

毒

〈どく〉

すでに煩悩《ぼんのう》の毒矢がぶかぶかと刺さっているのに、誰のどんな弓なのかを気にして矢を抜かない——すると、どうなるでしょう。結果は想像の通りですが、たとえ矢を抜いてもアフターケアを怠《おこた》ると、いずれ苦しみの死に至ってしまうのです。

先に紹介したように、釈尊《しゃくそん》は貪《とん》・瞋《じん》・痴《ち》の「煩悩《ぼんのう》」を「火」に喩《たと》えて表現されました。また、これら三つの「煩悩」は「三毒《さんどく》」とも言われます。釈尊は「毒」という言葉によっても私たちの苦しみの根源を表したのです。これには毒矢の喩えという有名な逸話があるので、ご存知の方がおられるかもしれません。

あるところに、毒矢で射られた男がいました。彼は、助けようとした医者にこのようなことを言いました。「私を射抜いた人はどのような生まれでしょうか。名前は何というのでしょう。背格好はどのくらいですか。何で作られた弓で射たのでしょう。矢羽根《やばね》はどんな鳥のものでしょうか。鏃《やじり》はどのような形なのでしょう。それがわからないうちにはこの矢は抜きません」と。

肝心なことに対処せず、余計なことに気を回してぐずぐずしている間に、この男は死んでしまうでしょう。まずは毒矢を抜くことが何よりも肝心です。

釈尊から見れば、私たちはこの男と同様です。苦しみを体験し、自覚することがあるのに、その苦しみに向き合おうとさえしていない、ということでしょう。「煩悩」という「毒」が体中に回っていることにすら気づいていないのかも知れません。余計なことが気になって、的外れなことばかり考え、そのうちに苦しみのなかで死んでしまうでしょう。ですから、釈尊は、まず苦しみのもとである毒矢を抜くこと、つまり、老病死の苦しみから解放されることに集中しなさいと、この話を締めくくられます。

さて、有名な毒矢の喩えはここで終わるのですが、実は別の経典にこの続きが説かれます。

毒矢に射られた男を医者が手術し、その矢を抜き出して毒も取り除きました。そこで医者は男に言います。「あなたの矢を抜き、毒も除きました。まだ少し毒が残っていますが、命の心配はありません。適切な食事をし、膿《う》んだりしないよう傷口をきれいに保ち、薬を塗りなさい。また不潔な場所に行かないようにしましょう。あとは自分で養生《ようじょう》してください」と。

その時、男は「矢は抜かれ毒も除かれた。これでもう大丈夫だ」と考えて、医者の言いつけを全く守りませんでした。するとどうなるでしょうか。もちろん傷が膿み苦しむことになるし、最悪の場合、一度は毒矢から助かったにもかかわらず、結局、死んでしまうかもしれません。

仏弟子として生きるということも同じです。

時には仏陀《ぶっだ》の教えに背《うなず》いたり、自分自身の貪《むさぼ》りや瞋《いか》りに気づいて抑《おさ》えることができたりもするでしょう。しかし、時々ではだめなのです。もちろん、一回でもできればそれは素晴らしいことに違いありませんが、それで「毒」が抜け切るわけでもありません。自分で治療を続けなければ傷が再び膿んでしまうように、仏陀の教えに肯くことができたならば、それからは自分のなかには「毒」があることを自覚し、その身にふさわしい生活をしなければならない。このお話はそんなことを示しています。

このエピソードは『中部』第63経「小マールンキヤ経」と第105経「スナッカッタ経」などに基づいて紹介しました。

35　毒——どく

随眠

〈ずいめん〉

「添い寝するもの」を意味する、この言葉。「毒」や「垢《あか》」とも表される煩悩《ぼんのう》のなかでは、そんなに悪いものでもなさそうですが、煩悩の根深さを言い当てようとする言葉なのです。

「煩悩《ぼんのう》」は、私たちの老病死《ろうびょうし》の苦しみの根源を指し示す言葉です（「はじめに」を参照のこと）。だからこそ、釈尊《しゃくそん》は「煩《わずら》わせ悩《なや》ませるもの」という抽象的な表現ではなく、私たちが切実に関係を断ちたいと思いたくなるような言葉をたびたび使われました。たとえば「毒《どく》」や「垢《く》」、「漏《ろ》」が「煩悩」の同意語です。

そのなかに、日本語に直訳すれば「添い寝するもの」という意味になる「随眠《ずいめん》」という言葉があります。この言葉からは、何か悪いものという感じがしませんし、すぐにでも関係を断ちたくなるような、切迫《せっぱく》した思いも起こりません。しかし、「随眠」は仏教の伝統のなかで、「煩悩」の根の深さを示す言葉としてしばしば受けとめられてきました。

「随眠」はインドの言葉でアヌシャヤ（anuśaya、添い寝するもの）といい、『大マールンキヤ経』という仏典《ぶってん》のなかでは、次のように説かれます。

ある時、釈尊はマールンキヤプッタという名の弟子に対して、ご自身が前にお説きになった「煩悩」に関する理解を確認されました。

マールンキヤプッタは、釈尊の説かれた「煩悩」の語句をしっかり覚えていました。しかし、その語句の意義は十分に理解していませんでした。そこで釈尊は、私たちが「煩悩」と一体どのような関係にあるのか、あらためて次のように説き明かしたのです。

たとえば、生まれたばかりの乳児はお腹が満たされればご機《き》嫌《げん》で、本当にかわいいものです。お腹が満たされること以外に、ほとんど何も知らず、求めることはありません。

そのようにスヤスヤと眠る乳児は、貪《むさぼ》りの対象を思い浮かべるといったことはしていないでしょう。つまり乳児には、自分の心と貪りの対象とを結びつけるようなあり方で、「煩悩」が生じていないと思われるわけです。

しかし、この乳児に貪りなどの「煩悩」がないわけでもありません。なぜならば、「煩悩」との関係を完全に断ち切っているのであれば、釈尊と同様に、その子は老病死の苦しみからすっかり解放された「仏陀《ぶっだ》」であるはずだからです。いかにいたいけで、見るからに愛らしい乳児であったとしても、それだけで「仏陀」であるとは言えないのです。

釈尊は、「このような乳児には「随眠」（添い寝するもの）というあり方で、貪りなどの「煩悩」が確かに伴《ともな》っているのだ」とお説きになりました。一見、「煩悩」とは全く関わりがないかのような無垢《むく》な乳児であっても、老病死の苦しみの根源が確かにその子には「添い寝している」のであって、苦しみから完全に解放されてはいないのです。

私たちも、時にはこの乳児のように、心穏《おだ》やかで澄《す》み切った気分になることがあります。しかし、そのような時であっても、仏陀ではない私たちの心には様々な「煩悩」が添い寝しているのです。

そして、何かのきっかけがあれば、「煩悩」は再びはたらきだしてしまいます。そのような「煩悩」の根の深さ、断ち切りがたさを表現するものとして、「随眠」という言葉を釈尊は説かれたのでした。

このエピソードは『中部』第64経「大マールンキヤ経」などに基づいて紹介しました。

43　随眠——ずいめん

欲貪

〈よくとん〉

読んで字のごとく、貪《むさぼ》ること。何ものかを、あるいは誰かを「欲貪」することは、なるほど、煩悩《ぼんのう》の仕業《しわざ》でしょうが、それは一体どんな苦を生じるのでしょうか。

これまで、「煩悩《ぼんのう》」の意義や、その同意語について紹介してきました。

これからは、貪《むさぼ》りや瞋《いか》りなど「煩悩」の具体的なはたらきを示す言葉のなかで、特に重要な七つの言葉を取りあげていきます。釈尊《しゃくそん》は多くの言葉で「煩悩」のはたらきの特徴を説かれました。そして、それらは仏弟子のエピソードを通して伝承されています。

はじめに取りあげるのは「欲貪《よくとん》」。字のごとく貪りを意味しますが、どんな貪りでしょうか。この言葉には、ナンダという人物のエピソードが実例として挙げられています。

ナンダは、釈尊の異母弟にあたります。釈尊によく似た容貌《ようぼう》の人で、見間違《みまちが》う人もいたそうです。彼は在家《ざいけ》の仏弟子で、スンダリーという美しい妻を愛してやまず、釈尊の度重《たびかさ》なる出《しゅっ》家《け》の誘いをいつも丁重に断っていました。そこで釈尊は、ナンダからすれば半ば強引に頭を剃って出家させてしまいます。

ナンダは出家者となりましたから、愛する妻のもとには帰れません。修行に全く身が入らず、あまりの恋しさに木片にスンダリーの姿を描き一日中眺めたり、釈尊のいない間を狙って家に帰ろうとしたりしました。老病死《ろうびょうし》の苦を解決しようと歩み出したはずなのに、愛する者を想う苦悩は増すばかりです。

釈尊は、その様子を見て彼の妻を想う心根の深さを知り、ある山に連れて行きます。そこは山火事で、猿の群れが火に焼かれてのたうち回っていました。そして、そのなかの一匹の雌猿を指さし、「スンダリーとこの雌猿とどちらが美しいか」

と問います。ナンダは釈尊の意図をはかりかね、答えられません。

釈尊は次に、彼を天界《てんかい》へ連れて行き、五百人の天女《てんにょ》を見せます。そして、「スンダリーとこれらの天女とどちらが美しいか」と問います。ナンダは「妻は猿に比べれば何千倍も美しいが、天女は妻より何千倍も美しい」と即答しました。釈尊は、修行に励めば将来、これらの天女と共に遊んで暮らせるだろうとナンダに告げます。以来、彼はすっかり変わり、修行に励むようになりました。

しばらくして、釈尊はナンダを地獄の煮えたぎる大釜へ連れて行きました。ナンダが「誰のための大釜か」と獄卒《ごくそつ》（地獄で人々を責めたてる存在）に尋ねると「仏陀《ぶっだ》の弟でナンダという人のためのものだ」といいます。「釈尊はその人に、修行すれば天女と暮らせるとおっしゃっていたが」と重ねて問うと、獄卒は「知っている。その後でここに来るのさ」と答えました。

この言葉を聞いて、ナンダは身の毛がよだち震え上がって、ようやく自分のしたことに気がつきました。

愛するといってもその対象は簡単に移ろい、何かとの比較でしか見ていないこと。自分がただ愛欲の対象を欲し貪っているだけだったこと。そして、それは「煩悩」に振り回され、苦しみを生む結果にしかならないこと。

このような愛欲を対象とした貪りのあり方を、仏教では「欲貪」といいます。

このエピソードは『仏本行集経』「難陀出家因縁品」「難陀因縁品」などに基づいて紹介しました。

51　欲貪——よくとん

有貪

〈うとん〉

釈尊《しゃくそん》が覚《さと》りを得る前に出会った二人の師。彼らは私たちには想像もできない素晴らしい心の境地に到達していました。しかし、どんな境地でも、それを貪《むさぼ》っているのであれば、苦の原因となるのです。

この前に、「欲貪《よくとん》」という愛欲を対象とした貪《むさぼ》りのあり方を紹介しました。仏教は、ほかに財産、名誉、飲食といったものも貪りの対象として考えます。これらは私たちの生活を通して実感でき、すぐに想像できるものです。

しかし、釈尊《しゃくそん》はそれら以外にも、貪りのあり方を説きます。それが「有貪《うとん》」です。この言葉が示す内容は、アーラーラ・カーラーマとウッダカ・ラーマプッタという人物のエピソードを通して、確かめることができます。

この二人は、釈尊がまだ仏陀《ぶっだ》になる前、出家《しゅっけ》されてまもなく教えを聞きに向かった人たちです。彼らのような仏教以外の教えを「外道《げどう》」といいますが、釈尊と同じく苦しみからの解放という課題をもって道を求める先達でした。両人共に有名な求道者で、たくさんの弟子がいました。

釈尊はまず、「無所有処《むしょうしょ》」という素晴らしい心の境地を体得したアーラーラの教えを受けました。しかし、その教えと境地に満足できず、ウッダカのもとへ向かいます。ウッダカはさらに一段上の「非想非非想処《ひそうひひそうしょ》」という境地に達していました。しかし釈尊は、それにも納得できませんでした。

「非想非非想処」は「有頂天《うちょうてん》」ともいいます。「有頂天」というと、心が舞い上がって得意満面な様子を思い浮かべますが、本来は、心が散漫にならず、動揺することのない、閑《しず》かな状態のこと。この点は「無所有処」も同様です。どちらの境地も私たちには想像さえできない、心の状態です。

釈尊は彼らの教えを聞き、それらの境地をすぐに体得しました。二人は驚き、一緒に教えを広めていこうと釈尊を誘いますが、釈尊は断り、その場を去ってしまいます。

確かに二人は「欲貪」のほとんどを断じきり、極めて優れた境地に到達していました。しかし釈尊は、彼らにはまだ貪りがあると見ます。釈尊の眼から見れば、彼らはその素晴らしい心の境地自体を貪っていました。しかも、どんなに優れた境地であろうとも、必ず死すべき身であることに変わりはありません。つまり、死の苦しみから解放されていないのです。それに気づかぬまま、到達した境地に留《とど》まり続けることを貪りと見たわけです。

老病死《ろうびょうし》の苦しみからの解放を求めて歩み出した釈尊が、死の苦しみと貪りを抱えたままの二人の教えに満足できなかったのは当然でしょう。釈尊は彼らから離れ、独自の道を行きます。そして六年後、老病死の苦しみの原因である「煩悩《ぼんのう》」をありのままに見出し、断じ切ることによって、仏陀になられたのでした。

アーラーラやウッダカのような、素晴らしくも死の苦しみを免《まぬが》れない境地を欲し貪るあり方を、仏教では「有貪」といいます。

私たちがいかに優れた高みに到達し、そこに留まり続けることができたとしても、死の苦しみから自由でないならば、その境地を貪っているにすぎず、苦しみの原因にほかなりません。

「有貪」という言葉は、私たちが「有頂天」になっている時にはいつでも、それが貪りではないかと問いかけるのです。

このエピソードは『中部』第26経「聖求経」などに基づいて紹介しました。

59　　有貪——うとん

瞋恚

〈しんに〉

「怒り」にとらわれるとは、どんなことでしょうか。そして、それを乗り超えるには何が大事なのでしょうか。かつては釈尊《しゃくそん》を殺そうとした仏弟子アングリマーラのエピソードが教えてくれます。

「瞋恚《しんに》」とは、怒りを表す「煩悩《ぼんのう》」です。この「瞋恚」はアングリマーラという仏弟子のエピソードを通して理解されてきました。

アングリマーラは殺人鬼として恐れられた人物です。本名はアヒンサカ（不害）といいましたが、殺した人間を数えるためにその指（アンガ）を切り取り、花輪（マーラー）のようにたばね身に付けたことから、アングリマーラと呼ばれるようになりました。

999人を殺したところで釈尊《しゃくそん》を見かけ、これでキリよく1000人目として殺そうとしますが、逆に教えを聞く機会を得ることになり、ただちに出家しました。

ところで、なぜアングリマーラは殺人鬼になったのでしょうか。彼はもともと、技芸《ぎげい》を学んでいました。そして、師匠に「技を完成させるために1000人殺してきなさい」と唆《そそのか》され、殺人を犯したのです。

最初は、そのようなことで技が完成するのかと疑いましたが、なにしろ大事な師匠の言葉ですから、それを信じて凶行を重ねてしまいました。

さて、このアングリマーラが「瞋恚」を象徴する人物なのですが、怒りはどこにあったのでしょうか。彼の殺人の動機にはそれが見当たりません。むしろ、師匠の言いつけを守る律儀《りちぎ》さや、技芸の上達に対する真面目さゆえの行為と思われます。

そもそも「瞋恚」には原語がいくつかあるのですが、代表的なものはドゥベーシャ（dveṣa）とプラティガ（pratigha）です。

前者は「嫌悪する」、後者は「他を害する」という動詞からなる言葉です。そして、気に食わないもの、恨めしいものに対する感情が発露されると他者を傷つけます。これが怒りの様相です。ですから、これらの言葉は怒りという意味も持ち、「瞋恚」と訳されたのでしょう。

しかし、このエピソードが教えてくれるのは、もっと恐ろしいことです。なぜなら、アングリマーラには、犠牲者に対する特別な恨みが無いように思われるからです。それなのに結果として、大量殺人という徹底的に他を害する行為が生じています。

つまり人間は、いかに素直で純粋な動機があったとしても、「瞋恚」に支配され非道なことをしてしまうことがあるのです。

では、「瞋恚」にとらわれないためにはどうしたらいいのでしょうか。アングリマーラには、「いのちある者とはなんと苦しむものか」という共感の心（悲心《ひしん》）が欠けていたといわれています。彼はたくさんの人間を殺《あや》めながら、殺される者の苦しみを思うことが全くありませんでした。私たちもまた、動機がいくら崇高であっても、そこに悲心がないならば、たちまち「瞋恚」にとらわれ、アングリマーラと同様のことをしてしまうのでしょう。

釈尊に出会いその教えにふれて出家した彼は、難産に苦しむ女性の姿を見て、初めてそのことに気がつきます。そして、彼女へ慈《いつく》しみの言葉を投げかけました。こうして慈《じ》と悲《ひ》の心を得たアングリマーラは、999人を殺した過去がありながら、老病死《ろうびょうし》の苦しみから解放されたと伝えられています。

アングリマーラのエピソードは『中部』第86経「アングリマーラ経」とその註、『長老偈』とその註、『賢愚経』、『出曜経』など様々なところに説かれます。今回はそれらを基に紹介しました。

67　　瞋恚―しんに

慢

〈まん〉

自らを高く見積もったり、自他を比べる煩悩《ぼんのう》。「自分はあの人よりすごい」「そもそも自分はえらい」といった思いは、そもそも「我《われ》あり」という思いに心を高ぶらせる「我慢《がまん》」のはたらきによって起こる心です。

「慢《まん》」は「慢心」や「自慢」のように侮《あなど》りや自惚《うぬぼ》れを示す言葉ですが、仏教でも心をおごり高ぶらせる「煩悩《ぼんのう》」を指します。この「慢」は、マーナッタッダという名（日本語で「傲慢《ごうまん》」を意味する名）の人物を通して確かめることができます。

彼は、司祭者の階級であるブラーフマナ（婆羅門《ばらもん》）の生まれで、財も才も豊かな人物でした。ただその名の示す通り、両親や師、長兄らに対して、彼は全く敬意をはらうことがありませんでした。

ある時、町に釈尊《しゃくそん》がやってきます。マーナッタッダは「自分は仏陀《ぶっだ》だ」と言って教えを説いているゴータマという遊行《ゆぎょう》者《しゃ》が来ているという評判を聞きつけ、こう思いました。「私がそのゴータマの所へ行き、もし彼が私に話しかけてきたら私も話しかけてやろう。彼が話しかけてこないなら、私も話しかけないようにしよう」と。そして、年少のブラーフマナたちを引き連れて、釈尊のもとにやって来ました。

ところが、釈尊は彼に話しかけませんでした。たくさんの従者を連れた立派なブラーフマナを目の前にして気にかけもしないとは、このゴータマという者は何もわかっていない。そう思った彼はそこから立ち去ろうとします。

その時、釈尊はマーナッタッダの心の奥底を知って、このように言いました。「マーナッタッダはすでにやって来た。それなのに慢心を増やすのは善くない。目的をもってやって来たのだから、その目的を果たすがよい」と。

マーナッタッダは釈尊が自分の心を知っていることに気がつ

き、「尊者《そんじゃ》ゴータマよ」と言って、すぐにその場で釈尊の両足に頭をつけて最高の敬意を示し、仏弟子となりました。

これは、誰も敬うことなく傲慢だった者が仏陀・釈尊との出会いをきっかけにして、たちまちにその慢心を断じ、仏弟子になるというエピソードです。

あっさりしたお話ですから、簡単に「慢」を断じられそうだと思われるかもしれません。しかし実際には、「慢」は「貪《とん》」や「無明《むみょう》」と並んで最後まで断じることの難しい「煩悩」のひとつです。マーナッタッダはこの時、釈尊に対する「慢」を断じましたが、それで彼の「慢」が全て断じられたわけではありません。

「慢」は様々なかたちで私たちの心を高ぶらせます。たとえば、自分と他人とを比較して「あの人よりも優れている」とか「あの人とは同じくらいだ」と思ったりすることは「慢」が心を高ぶらせている証《あかし》です。徳がないのに「私には徳がある」と思ったり、仏陀の教えを理解してもいないのに「私は理解した」と思うのも「慢」のはたらきです。

そもそも仏教は、無我（「私」と呼ぶべきものなどない）を説きます。それなのに「私」とか「私のもの」があると考え、自他を比較するなどの心の高ぶりが生じるのは「我慢《がまん》」のはたらきゆえです。今では辛いことに耐え忍ぶ時に使われる言葉ですが、本来は「我《われ》あり」という思いに心を高ぶらせることであり、様々な慢心の根源とも言える「慢」を「我慢」というのです。

このエピソードは『相応部』「マーナッタッダ経」と『雑阿含経』第92経などに基づいて紹介しました。

75　慢—まん

見

〈けん〉

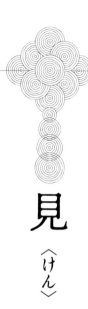

私たちはいつも、何らかの見方で物事を判断します。しかし、その判断は老病死《ろうびょうし》の苦を超える見方になっているのか、「見」という煩悩《ぼんのう》に振り回されていないか、常に点検が必要です。

「見《けん》」とは一般にものの見方や見解のことですが、「煩悩《ぼんのう》」として使われる時には、仏陀《ぶっだ》の覚《さと》った真実を通したものの見方とは異なる、邪《よこしま》な見解を意味します。

「見」には主に五つの種類があるとされ、「五見《ごけん》」と呼ばれます。自己（我《が》）や自己のもの（我所《がしょ》）があると見る「有身見《うしんけん》」。死んでも自己は永遠だという見方、あるいは死んだら自己は無くなるという見方に固執する「辺執見《へんじゅけん》」。仏陀の覚った真実など無いと否定する「邪見《じゃけん》」。間違ったものを仏陀の覚った真実と見る「見取《けんじゅ》」。仏陀になる方法ではないものを仏道《ぶつどう》と見る「戒禁取《かいごんじゅ》」。これらが「五見」です。

「見」についてはスナッカッタという人物のエピソードが伝承されています。彼は仏弟子で、釈尊《しゃくそん》の侍者《じしゃ》でもありました。

しかし、のちに仏弟子として生きることをやめ、還俗《げんぞく》してしまった人物です。

釈尊とスナッカッタがある町を訪れた時、犬の振る舞いを徹底する修行者を見ました。体を屈《かが》めて手足で歩き、口だけを使って食べる――この行者は仏弟子ではなかったのですが、スナッカッタは「なんと素晴らしい修行を実践しているのだろう」と心中で感嘆しました。

その心を知った釈尊は「あなたはそれで仏弟子と名告《なの》るつもりか。あなたには悪い見解が起こっている。それを断ちなさい」と指摘しました。このように、仏道ではない行いを仏道と見誤るのは「戒禁取」です。

またある時、スナッカッタは「釈尊は奇跡を起こしてくれない」、あるいは「釈尊はこの世界の起源、成り立ちを教えてくれない」などと不満を漏らしました。

それらを聞いた釈尊は、「私が説く教えは老病死の苦しみから解放されるためのもの。奇跡を起こしたり、世界の起源を教えることが、その苦の解放にとって何になるというのか」と彼を咎《とが》めました。「見取」に縛られると、仏陀の教えに間違ったものを求めてしまうのです。

このように、仏陀とその教えに間違った「見」を抱いたスナッカッタは、ついに還俗してしまいました。

故郷に帰った彼は「ゴータマは覚ってなどいない。推論を話しているだけで、自己顕示に過ぎない」と周囲に語り、釈尊を誹謗しました。仏陀の覚りと教えを否定する「邪見」

にとらわれたのでしょう。

「見」は、仏陀の覚った真実をそのままに理解し、認め、受け入れることができた時に断じることができると言われます。最初に断じることができる煩悩とも考えられている「見」ですが、侮《あなど》ってはいけません。

私たちは四六時中、何らかの見方によって物事を判断し、生活しています。もし「見」を断じていないならば、仏陀の見方とは異なる「見」に振り回され、スナッカッタのように仏教にふれる機会を持ちながら、自らそれを遠ざけてしまうことになりかねません。

ですから、自分は仏陀と同じ方向を見ようとしているだろうかと、常に確かめる必要があるのです。

このエピソードは『長部』第24経「パーティカ経」と『中部』第12経「大師子吼経」などに基づいて紹介しました。

83　見—けん

疑

〈ぎ〉

仏教における「疑」は、そんなものはウソだと疑ってかかることではありません。釈尊《しゃくそん》の教えに対して、問いを立てることでもありません。仏説に心から納得できず、その前で右往左往して躊躇《ためら》ってしまう、そんな心のはたらきを仏教では「疑」といいます。

「疑《ぎ》」とは文字通り、疑うことです。そしてそれは、マールンキヤプッタのエピソードが代表的なものとして伝承されています。彼は以前、「随眠《ずいめん》」のところで紹介した仏弟子です。

私たちも日常的に様々な事柄に疑問を持ちます。たとえば、学問の世界では疑問を持つことが大切です。また、知らない電話番号からの着信はまず疑うべき世の中でもあります。ですが、仏教における「疑」はそのような疑いとは異なります。

皆さんは、このような疑問を持ったことはありませんか。「世界は永遠なのか」「世界に果てはあるのか」「この肉体とは別に命を司《つかさど》る何かがあるのか」と。釈尊《しゃくそん》も弟子たちから同じ質問を受けることがありました。

しかし、これらの問いを追究することと、老病死《ろうびょうし》の苦しみから解放されることは全く別だと釈尊はお考えでした。つまり、これらの疑問は老病死の解決には無益ですから、釈尊はこのような質問に一切、お答えにならなかったのです。

前に「見《けん》」のところで、「釈尊はこの世界の起源、成り立ちを教えてくれない」と不満を抱き、遂には還俗《げんぞく》して釈尊を誹謗した、スナッカッタのエピソードを紹介しました。マールンキヤプッタは、「世界の起源」という問いの答えを仏陀の教えに求めることが、「見」という「煩悩《ぼんのう》」の仕業《しわざ》による誤ったものだと、頭では理解していました。

つまり、もし釈尊に尋ねてみても答えていただけないことを知っていましたし、その理由さえもわかっていたのです。しかし、彼は釈尊に尋ねずにはいられませんでした。

釈尊は、そこまでわかっているマールンキャプッタの質問を受けて、彼にこのような喩《たと》えを話されました。これは前に「毒」のところでも確認した逸話ですが、毒矢で射られた男がいました。彼は、助けようとした医者にこのようなことを言いました。「私を射抜いた人はどのような生まれでしょうか。名前は何というのでしょう。背格好はどのくらいですか。何で作られた弓で射たのでしょう。矢羽根《やばね》はどんな鳥のものでしょうか。鏃《やじり》はどのような形なのでしょう。それがわからないうちにはこの矢は抜きません」と。この逸話と同様で、「世界は永遠なのかどうか」といったことを知ろうとしている間に、老病死の苦しみから解放されることなく人は死んでしまう。

このように話された釈尊は、老病死の苦しみから解放されるために自分が何を語り、何に答えないか、あらためてマールンキヤプッタに説き示しました。

「煩悩」としての「疑」は、仏陀の教えの内容に対して問いを立て確かめようとすることではありません。また、教えが真実かどうか、ハナから疑ってかかることでもありません。

マールンキヤプッタのように、仏陀の教えを聞き、頭でも理解していながら、それに心から納得できず、右往左往し、躊躇《ためら》い、ぐずぐずと引き延ばしてしまう。そんな心のはたらきが仏教の「疑」です。

つまり、私たちを仏陀の教えに真向かいにさせず、問いを立てようともさせないものが「疑」なのでしょう。

このエピソードは『中部』第63経「小マールンキヤ経」などに基づいて紹介しました。

91　疑―ぎ

無明

〈むみょう〉

「明《みょう》」とは真実の智慧《ちえ》、それが「無《む》」であるとは、端的に言えば愚かさのこと。そして、釈尊《しゃくそん》が説く愚かさは知識の欠如《けつじょ》でも、個人の性格でもありません。「尊敬に値するものを知らない」ことなのです。

「無明《むみょう》」とは、釈尊《しゃくそん》が仏陀《ぶっだ》になる際に、縁起の観察を通して老病死《ろうびょうし》の苦しみの根源として見出された「煩悩《ぼんのう》」です。「明《みょう》」とは仏陀の覚《さと》った「真実」を知る「智慧《ちえ》」のことです。釈尊の教えに照らして、この「真実」の中身を確かめると、老病死の苦しみ、老病死の苦しみの原因、苦しみの滅《めつ》、苦しみの滅に至る道という四聖諦《ししょうたい》が「真実」の内容になります。「無明」はこの「明」を否定する言葉、「知らないこと」を意味します。またこの「無明」は、「愚痴《ぐち》」とも言われます。文字通り、「愚かさ」のことです。

では仏陀から見て、私たちのどのような点が「愚か」なのでしょうか。「知らないこと」というのは、私たちにとってどのように問題なのでしょうか。

この「無明」は、伝統的にウルヴェーラ・カッサパという人物のエピソードを通して理解されてきました。

彼は五百人もの弟子を抱えウルヴェーラーという場所に住む、火の神・アグニを祀《まつ》る祭司でした。釈尊は、仏陀となり五人の求道者（五比丘《ごびく》）に最初の教えを説いてしばらく後、このカッサパに会いに行かれます。

カッサパは、遠くから遊行者《ゆぎょうしゃ》が訪ねてきたというので会うことにしました。そこで釈尊は、彼に修行場で一泊させてほしいと頼みます。

釈尊にただ者ではない雰囲気を感じ取ったカッサパは、その頼みを受けることにしました。するとその晩、不思議なことが起こりました。釈尊が泊まった部屋には、カッサパ以外には手なずけられない毒蛇がいたのですが、翌朝、その毒蛇は見事に釈尊の言うことを聞くようになっていたのです。

カッサパは驚いて、しばらくここに留《とど》まるよう釈尊に請いました。釈尊はそれならばと滞在することにします。

それから彼は、釈尊のまさに人の力を超えた様々な神通力《じんずうりき》を目にすることになります。ある晩は、釈尊のもとへ梵天《ぼんてん》や帝釈天《たいしゃくてん》といった神々が教えを聞きに来ていました。ある朝には、ここにあるはずのない遠くヒマラヤに実る果実を釈尊が食べていました。またある時には、洪水で溢れた河の上を悠然と歩いていました。そのような出来事を実に三か月もの長きにわたって、目の当たりにしたのです。

カッサパは釈尊の神通力を目にするたびに驚き、感心しました。しかし最後には必ず、「彼が凄いのは確かだが、私の方がもっと尊敬に値する人物（阿羅漢《あらかん》）だ」と思っていました。

釈尊はカッサパのその思いを見透かして、「この愚かな男には、いつまでもこのような思いが生じるだろう」と考え、ついに「あなたは尊敬に値する人物ではないし、尊敬に値する人物になる道にも達していない」とカッサパを叱責されます。カッサパはこの言葉を聞いて、自身の「愚かさ」に気づき仏弟子となりました。

カッサパのエピソードが示す「愚かさ」や「知らないこと」というのは、このようなものです。

つまり、「本当に尊敬に値するものを知らない」という有り様が、釈尊から見ると「愚か」だと言われているのです。それを知らなければ、目の前に仏陀がいたとしても気がつかず、仰ぐこともないでしょう。またその言葉を聞いたとしても、教えとして聞く耳を持たず、聞いたとしても受け入れはしないでしょう。かえって仏陀に対して侮《あなど》りや自惚《うぬぼ》れ、怒りや嫉妬《しっと》、邪見《じゃけん》といった様々な「煩悩」が生じることもありえます。

カッサパに対する釈尊の叱責は、私たちに向けられたものでもあるはずです。

まさしく、老病死の苦しみの根源といえる「煩悩」が「無明」なのです。

このエピソードは『パーリ律 大品』「ウルヴェーラーの神変」などに基づいて紹介しました。

99　無明——むみょう

十纏〈じってん〉

これまでみてきた「欲貪《よくとん》」から「無明《むみょう》」までを仏教の教義学では「根本煩悩《こんぽんぼんのう》」といいます。これらから十種の「枝末煩悩《しまつぼんのう》」が生じます。それが「十纏」です。まとめて紹介しましょう。

これまで、「欲貪《よくとん》」「有貪《うとん》」「瞋恚《しんに》」「慢《まん》」「見《けん》」「疑《ぎ》」「無明《むみょう》」という七つの「煩悩《ぼんのう》」を紹介してきました。これは「七随眠《しちずいめん》」というグループにまとめられて仏典《ぶってん》に説かれます。

そして、仏教の代表的な教義学では、この七つの「随眠《ずいめん》」が「根本煩悩《こんぽんぼんのう》」とされます。これらはそれぞれのはたらく対象の違い、「煩悩」を具《そな》えた衆生《しゅじょう》のあり方の違い、断じられるきっかけの違いといった観点で98種もの類型があるとされます。

ただ、「煩悩」はこれだけではありません。「根本煩悩」に付《ふ》随《ずい》して「枝末煩悩《しまつぼんのう》」が生じます。

「枝末煩悩」には、「無慚《むざん》」「無愧《むき》」「嫉《しつ》」「慳《けん》」「掉挙《じょうこ》」「悔《げ》」「惛沈《こんじん》」「睡眠《すいみん》」「忿《ふん》」「覆《ふく》」の十種があり、まとめて「十纏《じってん》」といいます。

「無慚」は「恥じないこと」という意味で、特に「不遜《ふそん》さ」です。仰ぐべきものを敬《うやま》わず、謙虚さを持たないのはこの「無慚」のはたらきによります。

「無愧」も「無慚」と同じく「恥じないこと」という意味ですが、こちらは「厚顔無恥《こうがんむち》」なことです。過ちを犯してしまった際には、自らの犯したことに怖れを抱くものですが、この「無愧」がある時には、厚かましくも何の恥とも思わず、怖れを抱くことがありません。

「嫉」は「嫉妬《しっと》」です。「嫉妬」には様々なものがありますが、特に他人の成功に対して心から喜べなくするのが「嫉」のはたらきです。

「慳」は「もの惜しみ」のことです。財産だけでなく自分の知識や技術であっても、それを他者に分け与えようとすることを「慳」が妨げてしまいます。

「掉挙」は「浮《うわ》つき」のことです。心がソワソワし落ち着かない状態の時、この「掉挙」がはたらいています。

「悔」は「後悔」です。「後悔」にも様々なかたちがありますが、特に、善いことをしたのに無駄だったと悔やんだり、逆に善くないことをした後でもっとすればよかったと後悔させるはたらきを「悔」といい、「悪作《あくさ》」ともいわれます。

「惛沈」は「落ち込み」のことです。この「惛沈」が生じると、その人は身心が重く、活発ではなくなってしまいます。

「睡眠」は「眠気《ねむけ》」です。体を保持できなくさせる眠気も「煩悩」のひとつと考えられています。また善くないことをする夢を見るのも、この「睡眠」のはたらきです。

「忿」は自分の思い通りに行かないことに対する「苛立《いらだ》ち」です。

「覆」は「隠蔽《いんぺい》」のはたらきのことです。過ちや失敗をしてしまった時、それを隠してしまおうという思いが浮かぶことがあるかもしれません。それはこの「覆」がはたらいているからです。

「無慚」「慳」「掉挙」は「欲貪《よくとん》」と「有貪《うとん》」から生じます。

また「瞋恚《しんに》」からは「忿」と「嫉」とが生じます。

「無明《むみょう》」からは「惛沈」「睡眠」「無愧」が生じ、「疑《ぎ》」から「悔」が生じると考えられています。

「覆」については「貪《とん》」または「無明」から生じると考えら

れたり、その両者からであるという説もあります。

ともかく、このように「枝末煩悩」は「根本煩悩」から引き続いて起こり、私たちの振る舞いを縛り、苦しみを受ける原因となっていきます。

この98種の「随眠」と10種の「纏」を合わせれば、108の「煩悩」があることになります。

ただ、これが除夜《じょや》の鐘《かね》の数につながっているかは定かではありません。もちろん、鐘を撞《つ》くことで「煩悩」が断じられることもありません。そのためには、仏陀《ぶっだ》・釈尊《しゃくそん》の教えに尋ね仏になる道を歩むことが必要なのです。

107　十纏―じってん

おわりに――仏陀の言葉

さて、様々な人物のエピソードを通して、漠然と「煩悩《ぼんのう》」と言われているものが、実際にどのようなあり方で私たちの身にはたらくのかを紹介してきました。これらのエピソードの一つや二つは、読者の皆さんも心当たりがあったのではないでしょうか。

しかし釈尊《しゃくそん》がおっしゃるには、私にもいくつか心当たりがあるということではなく、これまで紹介してきた「煩悩」の全てが私たちに具《そな》わっているのだと説かれます。そして、自分自身に具わっているこれらの「煩悩」の有り様を、私たちは正しく認めず、知りえず、関係を断てていないというのです。

たとえば、食べ過ぎたり、ケンカをした後で、「貪《むさぼ》り」や「怒り」を起こしてしまった、と気づくことがあります。しかし、そのようなことをする前に「もしこういうことをしたら「貪り」がはたらくことになる」とか「他人にこういう態度をとることは「怒り」をはたらかせることだ」と自覚できるのは稀《まれ》なことです。なかでも最も恐ろしいことは、誰かに指摘されたり、問題が生じ苦しみが経験されたりして初めて、実は「煩悩」をはたらかせていたのだと気づくことでしょう。なぜなら、自身としては無自覚にやっていたことであり、多くの場合はすでに取り返しのつかないことになっているからです。

ですから釈尊は、「苦しみの根源」である「煩悩」は老病死《ろうびょうし》の苦しみから解放された者に諦《あきら》かとなった「真実」のひとつであると言われます。そして、「煩悩」との関係を全て断ち切った者という意味である「漏尽者《ろじんしゃ》」(「漏」を参照のこと)という言葉は、「仏陀《ぶっだ》」と同じ意味を持つのです。

では「仏陀」である釈尊は、本当に全ての「煩悩」との関係を断ち切ったのだろうか——これは一見、釈尊を誹謗するような問いにも思われます。しかし実際のところ、釈尊が生命を終えられて後、その教えを言葉によって受け取り理解するしかない仏弟子たちにとって、真剣な問いでした。

たとえば仏典《ぶってん》には、釈尊が他者を「愚か者」と呼ぶ場面がしばしば見られます。私たちがこの言葉を使うのは大抵、他者を罵倒《ばとう》する時であって、「怒り」や「侮《あなど》り」を帯びているでしょう。では、釈尊もそのような「怒り」を他者に向けることがある、ということなのでしょうか。もしそうではないのならば、釈尊はなぜそのような言葉を発したのでしょうか。

仏弟子たちは、釈尊が「愚か者」と批難したことでどういう結果となったのか、その意図は何だったのかを細かく確かめています。たとえば、仏弟子たちの集団を分裂させたデーヴァダッタ（提婆達多《だいばだった》）を「愚か者」と批難した時には、もし言わなければ、数え切れないほどの人々が誤って彼に従い、様々な悪事をすることになると考えられて、それを防ぐためにあえて釈尊はこの言葉を使ったのだ、と受けとめています。

自分自身が様々な「煩悩」を具えていることに無自覚であるからこそ、全ての「煩悩」を断じ切った「漏尽者」の言葉であるということを大前提にして釈尊の言葉を受けとめていこう――そのような仏弟子たちの態度に、まだひとつの「煩悩」さえも断じていないはずの私たちは倣《なら》っていくべきなのでしょう。

ここで取りあげた仏典は『阿毘達磨大毘婆沙論』（第16巻）になります。

あとがき

本書は月刊誌『同朋《どうぼう》』（東本願寺出版）に二〇二二年九月から二〇二三年八月にかけて連載された「煩悩百八面相」に、若干の註の加筆と修正を加え、あらたに二本の書き下ろしを併せて書籍化したものです。

私は、古代インド仏教のなかでも特に、説一切有部《せついっさいうぶ》という学派の教義学を研究しています。精緻な体系を構築して釈尊の教えを理解した学派で、大乗経典をよりどころとしない上座部《じょうざぶ》の一派です。その教義学は大乗の様々な思想に強く影響を与え、インドから中国、日本へと伝わり、伝統的に宗派を問わず仏教の基礎学として学ばれました。私は特にその「煩悩」に関する議論を研究しているので、日常語としても用いられる「煩悩」について書いてみないかと、声をかけていただいたということになります。

とはいえ、この体系は「煩悩」に関しても一つひとつの語句について、微に入り細を穿《うが》つ、ある意味では無味乾燥な定義を与えています。ですから、それを紹介したところで多くの方に向けた読みものとして、相応《ふさわ》しいものを書けそうにはありませんでした。そこで今回は、何百巻にもなる説一切有部の論書のなかでわずか数行で言及されるだけの、仏典中の有名な人物のエピソードを通した「煩悩」理解について、皆さんに紹介することにしました。

本書でとりあげたナンダやアングリマーラ、マールンキヤプッタたちは、仏弟子であればその名を聞いただけでどういう事績のある人か、思い浮かべることのできる人物です。だからこそ「煩悩」と人名とを言及されるだけで、仏弟子たちは難解に定義づけられた語句の内実を、そのユニークなエピソードを通して我が身に引き寄せて捉えなおすことができたのでしょう。彼らにとってこのような「煩悩」理解は周知の事実ですから議論の対象にはならず、それゆえ仏教学という学問分野ではほとんど注目されてきませんでした。しかし、豊かなエピソードの読み解きを通した教義理解は、仏典を解釈する際、最初に行われることのひとつです。かつて仏弟子たちが行ったその営みを、読者の皆さんにもしていただければと願っています。また、本書には研究成果として多々いたらない点がありますから、これから様々に批判を加えていただければと思います。

最後に、私の拙い文章を最初の読者として読み解き、素晴らしいイラストで彩りを与えてくださった今村風子氏に感謝申し上げます。そして、懈怠《けたい》の比丘《びく》である私の背を押して連載を全うさせ、書籍化まで手を引いてくれた、担当編集者の東真行氏にお礼申し上げます。また、執筆にあたり陰に日向にご指導くださった有縁の方々、本当にありがとうございました。

「煩悩」は老病死の苦しみの原因ですから、「煩悩とは何か」を問い尋ねるということは、釈尊が仏陀となられる時に観察した「老病死の苦しみの原因とは何か」を問うことにほかなりません。「煩悩」は一見なじみ深い言葉ですが、仏教の根本の課題です。一人でも多くの方にとって、本書が問いを立てる機縁となるならば幸いです。

梶　哲也

梶　哲也（かじ・てつや）

1982年生まれ。大谷大学大学院博士後期課程（仏教学）修了。博士（文学）。真宗大谷派教学研究所助手、大阪教区正念寺衆徒。専門は初期インド仏教・説一切有部。主な論文に「説一切有部における煩悩論の構造と起点」（博士論文、大谷大学、2019年）、「説一切有部における欲（chanda）」（『対法雑誌』第1号、2020年）など。

今村風子（いまむら・ふうこ）

1995年生まれ。画家、漫画家。2019年に「寒山さんと拾得さん」（『アックス』第128号、青林工藝舎）でデビュー。同作で第21回アックスマンガ新人賞の「南伸坊個人賞」を受賞。近作「母の道」（『アックス』第158号）では「二河白道」の喩えを漫画化。

煩《ぼん》悩《のう》百《ひゃく》八《はち》面《めん》相《そう》

2024（令和6）年11月28日　第1刷発行

著者　梶　哲也
絵　今村　風子
発行者　木越　渉
発行所　東本願寺出版（真宗大谷派宗務所出版部）
〒600-8505 京都市下京区烏丸通七条上る
TEL 075-371-9189（販売）
075-371-5099（編集）
FAX 075-371-9211

デザイン　藤本孝明＋如月舎
印刷・製本　中村印刷株式会社

978-4-8341-0693-0 C0115